Vente du 4 Novembre 1905

(HOTEL DROUOT)

CATALOGUE

DE

LIVRES ANCIENS

DANS TOUS LES GENRES

PROVENANT DE LA

BIBLIOTHÈQUE DE M. LE VICOMTE DE S***

PARIS

LIBRAIRIE HENRI LECLERC

219, RUE SAINT-HONORÉ, 219

ET 16, RUE D'ALGER

1905

CHARTRES. — IMPRIMERIE DURAND, RUE FULBERT.

CATALOGUE

DE

LIVRES ANCIENS

LA VENTE AURA LIEU

LE SAMEDI 4 NOVEMBRE 1905

A 2 HEURES PRÉCISES

HOTEL DES COMMISSAIRES-PRISEURS, 9, RUE DROUOT

Salle N° 10

Par le Ministère de **M· MAURICE DELESTRE**, commissaire-priseur

5, RUE SAINT-GEORGES, 5

Assisté de **M. HENRI LECLERC**, libraire

219, RUE SAINT-HONORÉ, 219

ET 16, RUE D'ALGER

CONDITIONS DE LA VENTE

La vente se fait au comptant.

Les adjudicataires paieront 10 pour 100 en sus des enchères.

Les livres vendus devront être collationnés dans les vingt-quatre heures de l'adjudication. Passé ce délai, ils ne seront repris pour aucune cause.

M. LECLERC se réserve la faculté, dans l'intérêt de la vente, de réunir ou de diviser les numéros du catalogue. Il remplira les commissions qu'on voudra bien lui confier.

CATALOGUE

DE

LIVRES ANCIENS

DANS TOUS LES GENRES

PROVENANT DE LA

BIBLIOTHÈQUE DE M. LE VICOMTE DE S***

PARIS

LIBRAIRIE HENRI LECLERC

219, RUE SAINT-HONORÉ, 219

ET 16, RUE D'ALGER

1905

CATALOGUE

DE

LIVRES ANCIENS

---

1. ALBUM DE ROSES. *Paris, Louis Janet, s. d.*, pet.
in-16, 71 p., cartonn. rose. tr. dor., avec un album de
figures, dans un étui orné.

> L'album se compose de 24 planches coloriées avec soin, représentant, chacune, une variété de roses, les figures sont, pour la plupart, de *Bessa* et gravées par *Teillard*.

2. ALBUM LITTÉRAIRE ET ARTISTIQUE, par Camille Oudart. *Reims,* 1876, in-4 en feuilles.

> Beau manuscrit, calligraphié avec soin, orné de fleurons et initiales dessinés avec une rare perfection, de 22 beaux dessins à l'encre de Chine reproduisant des tableaux très connus de nos meilleurs peintres modernes.
>
> L'auteur s'exprime ainsi dans sa préface : Rollin, dans son traité des études, recommande aux lecteurs de recueillir les passages qui leur plaisent... De là cet album littéraire, où j'ai cherché surtout à réunir des fragments en prose et en vers, contenant des leçons de vertu, d'humanité, de justice, de dévouement, de désintéressement et d'amour du bien public (extraits d'Alfr. de Vigny : Mme Desbordes Valmore ; J. Richepin ; E. Souvestre ; V. Hugo : J. Michelet ; Lamartine ; Th. Gautier ; F. Coppée ; Desaugiers ; Alfr. de Musset, etc.) J'ai orné le texte et je l'ai illustré de dessins au lavis d'après les tableaux de nos meilleurs peintres modernes.

3. ALEXIS, Piemontois. Les Secrets du seigneur Alexis piémontois, et d'autres auteurs bien expérimentés et approuvés, réduits maintenant par lieux communs, et divisés en six livres pour la commodité de ceux qui

en voudrôt user. *Anvers, Chr. Plantin,* 1564, pet in-8, mar. bleu, dent. int., tr. dor.

Exemplaire court de marges et dont le titre est frotté et réparé.

4. ANACRÉON, Sapho, Bion et Moschus. Traduction nouvelle en prose, suivie de la Veillée des fêtes de Vénus et d'un choix de pièces de différents auteurs, par M. M*** (Moutonnet) C*** (de Clairfond). *Paphos et se trouve à Paris, chez Bastien,* 1773, in-8, frontisp., 12 vignettes et 13 culs-de-lampe par Eisen, veau écaille, fil., tr. dor. (*Rel. anc.*).

Exemplaire de premier tirage contenant *Héro et Léandre,* et les *Idylles de Théocrite,* avec un frontispice d'*Eisen.*
Ex-libris du chevalier de Fleurieu à l'intérieur du volume.

5. ANACRÉON, Sapho, Bion et Moschus, traduction nouvelle en prose, par M. M*** C*** (Moutonnet de Clairfond). *Paphos, et se trouve à Paris, Bastien,* 1780, gr. in-8, figures, veau écaille, fil., dos orné, tr. dor. (*Rel. anc.*).

2 figures-frontispices par *Eisen* gravées par *Massard* et *Duclos,* 12 vignettes et 13 culs-de-lampe par *Eisen,* gravés par *Massard.*

6. APOLLONIUS DE RHODES. L'Expédition des Argonautes, ou la conquête de la Toison d'or. Poème en quatre chants par Apollonius de Rhodes, traduit pour la première fois de grec en françois par J.-J.-A. Caussin. *Paris, Moutardier,* an V, in-8, mar. rouge, dent., dos orné, tr. dor. (*Rel. anc.*).

Exemplaire Yéméniz.

7. APULÉE. Les Métamorphoses, ou l'Ane d'or. Nouvelle édition (par l'abbé Compain de Saint-Martin), ornée de figures (texte latin en regard). *Paris, J. Fr. Bastien,* 1787, 2 vol. in-8, figures, veau écaille, fil., dos orné, tr. dor. (*Rel. anc.*).

Portrait d'Apulée et 14 figures qui sont des reproductions des gravures de Crispin de Pas de l'édition de 1623.

8. ARGENS (Marquis d'). Mémoires historiques et secrets concernant les amours des rois de France. *Paris, vis-à-vis le cheval de bronze (Hollande),* 1739, pet. in-12, mar. rouge, large dent. à petits fers, dos orné, dent. int., tête dor., non rog.

9. AUGUSTINI (Divi Aurelii) Hippon. episcopi, libri XIII Confessionum. *Parisiis, Seb. Huré,* 1637. — Meditationes, soliloquia et manuale divi Augustini. Et meditationes B. Anselmi, cum tractatu de humani generu redemptione D. Bernardi, Idiotae viri docti de amore divino. *Ib., idem,* 1646. Ens. 2 vol pet. in-12, veau fauve, fil., dos orné, tr. dor. *(Cuzin).*

10. AUGUSTINI (D. Aurelii) Hippon. episcopi, libri XIII Confessionum, opera et studio R. P. H. Sommalii. *Lugduni (Batav.) apud Danielem Elzevirium,* 1675, pet. in-12, titre gravé, mar. vert, fil., dos orné, dent. int., tr. dor. *(Smeers).*

11. AULNOY (Madame d'). Mémoires de la cour d'Espagne (par Marie-Catherine Le Jumel de Berneville, comtesse d'Aulnoy). *La Haye, Adrian Moetjens,* 1692, 2 parties en 1 vol. pet. in-12, mar. rouge à longs grains, tr. dor. — Nouvelles espagnoles, par la même. *La Haye,* 1693, pet. in-12, mar. vert, tr. dor.

12. AULNOY (Madame d'). Relation du voyage d'Espagne (par M.-C. le Jumel de Berneville, comtesse d'Aulnoy). *Paris, Cl. Barbin,* 1699, 3 vol. in-12, veau fauve, fil., dos orné, dent. int., tr. dor. *(Belz-Niedrée).*

13. AUMALE (duc d'). Histoire des princes de Condé pendant les xvi⁰ et xvii⁰ siècles. *Paris, Michel Lévy,* 1863-1864, 2 vol. in-8, portraits, mar. rouge, fil. à fr., dent. int., tr. dor *(Lortic).*

> Tomes 1 et 2, imprimés sur PAPIER DE HOLLANDE.
> Reliures aux armes et au chiffre du duc d'Aumale.

14. AUMALE (duc d'). Les Institutions militaires de la France. *Bruxelles, C. Muquardt,* 1867, très gr. in-8, texte encadré, dos et coins mar. bleu, fil., dos fleurdelisé, tête dor *(Allô).*

15. AUMALE (duc d'). Les Zouaves et les Chasseurs à pied. Esquisses historiques. *Paris, Michel Lévy frères,* 1855, in-12, mar. vert, fil., dos fleurdelisé, dent. int., tr. dor. *(Capé).*

> La reliure est ornée sur les plats du chiffre du duc d'Aumale.

16. BALZAC (Honoré de). La belle Impéria, conte drola-

tique illustré par Edmond Malassis. *Paris, Louis
Conard*, 1903, in-8, broché, couverture parcheminée.

Édition imprimée à 150 exemplaires numérotés sur papier vélin,
avec les caractères gothiques dessinés par M. Christian, directeur
de l'Imprimerie Nationale, illustrée de 30 compositions d'*Edmond
Malassis*, dont 15 gravées sur cuivre par *Louis Mortier* et tirées en
couleurs par *Wittmann* et 15 gravées sur bois par *Tony Beltrand*,
dont 8 tirées en noir et 7 en couleurs.

17. BELLEAU (Remy). Œuvres complètes. Nouvelle
édition, publiée d'après les textes primitifs, avec
variantes et notes. *Paris, A. Franck et Nogent-le-
Rotrou, A. Gouverneur*, 1867, 3 vol. in-8, portrait sur
chine, dos et coins mar. vert, fil., dos orné, tête dor.,
non rog. (*Allô*).

Un des 12 exemplaires imprimés sur PAPIER VÉLIN.
Jolie édition imprimée à 140 exemplaires seulement.

18. BEMBO. Les Azolains de Monseigneur Bembo, de la
nature d'amour. Traduictz d'italien en francoys, par
Jan Martin, secrétaire de Monseigneur reverendiss.
cardinal de Lenoncourt, par le commandement de
Monseigneur le duc d'Orléans. *Paris, Michel de Vas-
cozan*, 1547, in-8, mar. rouge, comp. de filets entre-
lacés, dos orné, dent. int., tr. dor. (*Allô*).

Seconde édition, très bien imprimée en lettres italiques.

19. BERNARD. L'Art d'aimer et poésies diverses de
Bernard.*Paris, de l'impr. Didot jeune, an* III (1795),
in-8, figures, dos et coins mar. bleu, fil., dos orné,
tête dor. (*Allô*).

7 figures par *Martini* et *Eisen*.

20. **BIBLIA SACROSANCTA.** Testamenti Veteris et Novi,
juxta vulgatam quam dicunt aeditionem, a mendis
quibus innumeris scatebat, ad priscorum probatissi-
morumqz exemplariorum normam, summa cura pariqz
fide repurgata ac restituta. *Lugduni, apud Hugonem et
hæredes Aemonis à Porta*, 1544, in-fol. à 2 colonnes,
figures sur bois, mar. brun, dent. et milieu, fers du
XVIe siècle, tr. dor. (*Hardy-Mennil*).

Bel exemplaire d'une édition ornée de figures gravées sur bois
d'après les dessins de *Hans Holbein*.

21. BILLARDON DE SAUVIGNY (L.-E.). Histoire

amoureuse de Pierre le Long et sa très-honorée dame,
Blanche Bazu. *Londres (Paris),* 1765. Titre gravé,
frontispice et musique. — Histoire de Jacques Féru et
de valeureuse damoiselle Agathe Mignard, écrite par
un ami d'iceux, avec des airs notés (par Mlle de Bois-
mortier). *La Haye et Paris, Cuissard,* 1766. Ens.
2 ouv. en 1 vol. in-12, mar. rouge, fil. et fleurons,
tr. dor. (*Rel. anc.*).

> Le premier plat de la reliure porte en lettres d'or : *Mlle l'abbé.*

22. **BION ET MOSCHUS.** Idylles de Bion et de Moschus,
traduites en français par J.-B. Gail, professeur
de littérature grecque au Collège de France. *Paris,
imp. de Didot jeune, chez Gail,* an III (1795), in-18, mar.
rouge, comp. de fil. en losange, dos orné, dent. int.,
doubl. de tabis bleu, tr. dor. (*Rel. anc...*

> Joli exemplaire imprimé sur PAPIER VÉLIN, contenant le portrait
> et les 4 figures de *Le Barbier,* en double état : EAUX-FORTES et
> AVANT la lettre.

23. **BOCCACE** (Jean). Le Décameron (traduit par Le
Maçon). *Londres (Paris),* 1757-1761, 5 vol. in-8, fig.
et culs-de-lampe de Gravelot, Boucher, Cochin et
Eisen, veau écaille, fil., tr. dor. (*Rel. anc.*).

> Fort grattage à la page 33 du tome premier.

24. BOISSARDI (Jani-Jacobi) Vesuntini emblemata, auss
dem latein verteuscht durch Teucrium, Aunaeum Priva-
tum. C. *Francfort,* 1593, pet. in-4, figures vélin blanc.

> Frontispice, portrait et 56 planches gravés par *Th. de Bry.*

25. BOSSUET. Histoire des variations des Eglises pro-
testantes. *Paris, Veuve Séb. Mabre-Cramoisy,* 1688,
2 vol. in-4, mar. rouge, fil. à fr., dent. int., tr. dor.
(*Lortic*).

> ÉDITION ORIGINALE.
> Bel exemplaire, portant la marque des *doubles* de la bibliothèque
> du duc d'Aumale.

26. BOUHIER. Souvenirs de Jean Bouhier, président au
Parlement de Dijon, extraits d'un manuscrit inédit et
contenant des détails curieux sur divers personnages
des XVIIe et XVIIIe siècles (publiés par MM. Mabille et
Lorédan Larchey). *Se vend chez tous les libraires bi-*

bliophiles, s. d. (1866), in-18, mar. bleu, fil. et encad. de mar. orange, dos orné et mosaïqué, dent. int., tr. dor. (*Petit*).

Exemplaire imprimé sur PAPIER CHAMOIS.

27. BOULMIER (Joseph). Études sur le xvi⁰ siècle. Estienne Dolet, sa vie, ses œuvres, son martyre. *Paris, Aug. Aubry*, 1857, in-8, portrait., demi-rel. mar. vert, tête dor., non rog. (*Lortic*).

28. BOURDIGNÉ. Hystoire agrégative des Annalles et cronicques Danjou contenant le commencement et origine auecques partie des cheualeureux et marciaulx gestes Des magnanimes princes, consulz, contes et ducz Danjou. Et pareillement plusieurs faictz dignes de memoire aduenuz en France, Italie, Espaigne, Angleterre, Hierusalem... Recueillies et mises en forme par noble et discret messire Jehan de Bourdigné, prestre, docteur es droictz et depuis reueues et additionnées par le Viateur (à la fin:) *Nouuellement imprimées à Paris, par Anthoine Couteau, imprimeur, pour honnestes personnes Charles de Boigne et Clement Alexandre, marchans libraires demourant à Angiers...*, 1529, in-fol. goth., mar. bleu, tr. dor. (*Duru*).

Exemplaire, bien conservé, de la PREMIÈRE ÉDITION de cette chronique.

29. BOURSAULT. Lettres de respect, d'obligation et d'amour de Monsieur Boursault. *Paris, Théodore Girard*, 1677, in-12, frontispice, mar. rouge, fil., tr. dor. (*Meuthey*).

30. BRANTOME. Memoires contenans les vies des dames galantes de son temps. *Leyde, Jean de la Tourterelle*, 1666, 2 vol. pet. in-12, veau fauve, fil., dos orné, tr. dor.

31. CABINET SATYRIQUE (Le), ou recueil parfaict des vers piquants et gaillards de ce temps. Tiré des secrets cabinets des sieurs de Sigognes, Regnier, Motin, Berthelot, Maynard et autres des plus signalez poètes de ce siècle. *Paris, Antoine Estoc*, 1620, in-12, frontispice, mar. rouge, dentelle int., tr. dor. (*Allô*).

Édition, rare, d'après laquelle ont été faites la plupart des réimpressions de ce livre.

32. CASA (Giovanni della). Le Galatée, premièrement composé en italien par J. de la Case, et depuis mis en françois, latin et espagnol par divers auteurs. Traicté très utile et très nécessaire pour bien dresser une jeunesse en toutes manières et façons de faire louables, bien reçues et approuvées par toutes gents d'honneur et de vertu. *Lyon, Jean de Tournes,* 1598, in-16 de 2 f. et 459 p., mar. bleu, dent. int., tr. dor. (*Hardy-Mennil*).

La traduction française est imprimée en caractères de *civilité*.

33. CAUSES (Des) et des remèdes de l'amour considéré comme maladie, par J. F., médecin anglais ; pour servir de supplément au livre intitulé : De l'Homme et de la Femme, considérés dans l'état du mariage. *A Londres et se trouve à Paris, chez Costard,* 1773, in-12, mar. rouge, large dentelle à petits fers, dos orné, tr. dor. (*Rel. anc.*).

Remboîtage.

34. CÉBES. La Table de lanciē philosophe Cébes, natif de Thèbes, et Auditeur Daristote En laquelle est descripte et paincte la voye de lhõme humain tendant a vertus et parfaicte Science. Avec trente dialogues moraux de Lucian, autheur jadis grec. Le tout pieça translate de grec en langue latine par plusieurs scavans et recommandables autheurs. Et nagueres translate de latin en vulgaire frācois par maistre Geofroy tory de Bourges libraire demourant a Paris, rue Saint Jacques devant lescu de Basle, a lenseigne du pot casse. Sōt en ung volume, ou en deux qui veult a vendre au dict lieu par le dict Translateur. Et par Jehan Petit libraire... (à la fin du privilège) : *Acheve dimprimer le cinquiesme jour Doctobre, lan* 1529, 2 tomes en 1 vol. pet. in-8. texte non chiffré, mar. rouge, fil., dos orné, dent. int., tr. dor. (*Chambolle-Duru*).

Édition en lettres rondes, avec bordures à chaque page. — Exemplaire avec la marque de Tory, sur le titre, et au verso du dernier feuillet.

35. CENT CINQ RONDEAUX DAMOUR publiés, d'après un manuscrit du commencement du xvie siècle, par

Edwin Tross. *Paris, Tross,* 1863, pet. in-8, mar. La
Vall., dent. int., tr. dor. (*Capé*).

Un des 20 exemplaires sur papier vélin, avec fac-similé du manuscrit.

36. CENT (les) NOUVELLES nouvelles. Suivent les
cent nouvelles contenant les cent histoires nouveaux,
qui sont moult plaisans à raconter, en toutes bonnes
compagnies ; par manière de joyeuseté. Avec d'excellentes figures en taille-douce, gravées sur les dessins
du fameux Mʳ Romain de Hooghe. *Cologne, Pierre
Gaillard,* 1701, 2 vol. pet. in-8, figures, mar. citron,
fil., dos orné, dent. int., tr. dor. (*David*).

Frontispice et 100 figures à mi-page, par *R. de Hooghe.*
Premier tirage.

37. CERVANTES. L'ingénieux chevalier Don Quixotte
de la Manche. Nouvelle traduction, ornée d'une carte
des voyages de Don Quixotte, avec l'indication des divers lieux où sont arrivées ses aventures (traduit par
de l'Aulnay). *Paris, Desoer,* 4 vol. in-18, figures, dos
et coins mar. bleu, fil., dos orné, tête dor., non rog.
(*Capé*).

Carte, 24 figures par *Coiny, Lefebvre, Lebarbier,* avant la lettre,
5 figures par *Coupé,* 8 figures par *Deveria,* et 10 fig. par *Johannot,
Leroux, Roger, Sisco.* Toutes ces figures ajoutées, sont avant la
lettre.

38. CHASSES (les) de Rambouillet depuis les temps primitifs de la Gaule jusqu'à nos jours. *Paris, Imprimerie Nationale,* 1898, gr. in-8, fig., dos et coins mar.
bleu, tête dor., non rog. (*Couvert.*).

Imprimé, à 150 exemplaires, sur papier Japon, avec la suscription
« offert par Monsieur Félix Faure, président de la République française à » et la double épreuve de la *Brume d'automne* (l'Apothéose
et l'épreuve définitive).

39. CLAUDIANI (Cl.) poetae celeberrimi opera. *Lugduni, apud haered. Seb. Gryphi,* 1561, in-16, veau
fauve, fil., milieu orné, dent. int., tr. dor. (*Cuzin*). —
LUCANI (M. Annaei). Pharsalia, sive de bello civili
Caesaris et Pompeii lib. X. *Amsterodami, apud J.
Blaeuw,* 1643, pet. in-12, front., veau fauve, fil., dos
orné, dent. int., tr. dor. (*Cuzin*).

40. COLARDEAU. Œuvres choisies. *Paris, Janet et Co-*

telle, 1825, in-8, fig. par Deveria, veau viol., fil. et
milieu doré et à froid, dos orné, tr. dor. (*Rel. de
l'époque*).

41. COLARDEAU. Le Temple de Gnide. mis en vers par
M. Colardeau. *Paris, Le Jay, s. d.* (1773), in-8, fig..
mar. bleu, fil., dos orné, dent. int., tr. dor. (*Allô*).

> Titre gravé avec le portrait de P. Corneille en médaillon, et 7
> figures par *Monnet*, gravées par *Baquoy, Delaunay, Helman, Mas-
> quelier, Née* et *Ponce*.

42. COLLETET. Poésies diverses de Monsieur Colletet.
Contenant des sujets héroïques, des passions amoureuses et d'autres matières burlesques et enjouées. *Paris, L. Chamhoudry*, 1656, pet. in-12, mar. bleu, jans..
dent. int., tr. dor. (*Duru*).

> Légères cassures aux pages 59, 161 et 397.
> Exemplaire du Bon J. Pichon.

43. COLLETET. Tracas (le) de Paris en vers burresques
(*sic*), contenant la foire S. Laurent, les Marionnettes.
les subtilités du Pont-Neuf, le départ des Coches. l'in-
trigue des servantes..., et diverses autres descriptions
plaisantes et récréatives. *A Troyes et se vendent à Paris, chez la veuve Nicolas Oudot, s. d.* (1714), pet. in-
12 de 94 pages, veau fauve, fil., dos orné, encad. int..
tr. dor.

44. COMMINES. Les Mémoires de messire Philippe de
Commines, sr d'Argenton. *A Leide, chez les Elzéviers*,
1648, pet. in-12. titre orné, mar. rouge, filets à froid,
gardes de papier doré, tr. dor. (*Rel. anc.*).

> Joli exemplaire dans une reliure genre Derome.
> Haut. 132 mill.

45. CONSEIL très utile contre la famine et remèdes
d'icelle. Item régime de santé pour les povres, facile
à tenir. *A Paris, chez Jacques Gazeau, à l'escu de Co-
longne, rue Sainct Jaques*, 1546, pet. in-8 de 52 ff.
chiffrés, mar. bleu, dent. int., tr. dor. (*Chambolle-
Duru*).

> L'auteur témoigne, en la préface, qu'il a composé ces deux opus-
> cules, mû par un sentiment de charité pour les pauvres et prin-
> cipalement pour ceux de Picardie et de Champagne. Ce témoi-

guage personnel n'a rien de superflu, car la matière de l'ouvrage apparaît plutôt comme un ensemble de recettes médico-hygiéniques (voire même culinaires), sans portée très définie.

Il explique d'abord la faim et la soif qui ne sont autre chose que « la dissipation de nos trois substances, dure ou solide (os, nerfs), humorale (sang, chair), et spirituelle (chaleur animale) », et s'étend assez longuement sur cette division qu'il juge essentielle. Partant, le remède contre ces besoins primordiaux est d'empêcher la dite dissipation ou tout au moins de l'atténuer. Pour ce, — et comme d'ailleurs, « Phaleine, le boire et le manger correspondant à ces trois substances (sic) servent l'un pour l'autre et que l'un des trois suffit à vivre » (il y a des hommes dans l'Inde qui vivent de la seule odeur de pommes sauvages et l'histoire nous apprend que des hommes vécurent sans boire et d'autres sans manger), — pour ce, il conseille, faute de viande, d'user de vapeurs odorantes », comme de vinaigre ou mieux de vin, d'odorer aussi le citron, l'orange, ou une écorce d'iceulx, la muscade, le romarin, l'hysope, etc..., le pain cuit, la chair rôtie plutôt que bouillie (sic). Pour boisson, il conseille l'eau de Somme, d'Aisne, de Loire, de Saône, la bière et le lait. Quant au lait, il faut distinguer entre le lait de femme, le lait de vache de moyen âge et noire, le lait de brebis, de jument, de chameau, le lait de truie, de chienne, — chaque sorte de lait a sa vertu propre. Puis il traite des aliments tels que œufs, herbes de toute sorte, et de certains poissons tels que « ables, aloses... ». Il termine ces conseils par une exhortation aux riches, assez imprévue d'ailleurs : « Laissons aux pauvres les grosses chair: et mangeons les menues, — laissons au peuple quantité de pain et non si bis et soyons contents de petit pain et moins blanc. »

Dans le « Régime de Santé pour les povres » l'auteur donne à ceux-ci une quantité de recettes pour leur éviter, dit-il, les maladies qu'engendrent le manque de boire et de manger. Il leur conseille le pain cuit avec bonne eau ou bon lait de vache, ou avec bière ou cidre, les pommes et poires hachées fort menu, les racines d'ortie, le sang de poule, les escargots quelque temps après qu'ils sont sortis de la terre, les petits chats, les rats, furetons, etc..., les couleuvres bien vidées, les vers de terre bien nettoyés et lavés pareillement. Quant au breuvage, il recommande la bière, le cidre, le poyré, du « vin de miel cuit avec de l'eau... ». Il conclut encore par une exhortation conjurant les pauvres d'éviter tout courroux, tristesse, mélancolie et de se retirer vers Dieu. L'adjuration finale a même un certain caractère de candeur : « Comme s'il vous meurt quelque enfant, remerciez Dieu et estimez que vous pourriez par le dit enfant au temps advenir avoir trop plus grande mélancolie. »

46. CONTES et NOUVELLES en vers par J. de La Fontaine, Voltaire, Vergier, Sénecé, Perrault, Moncrif, le P. du Cerceau, Grécourt, Saint-Lambert, Champfort, Piron, Dorat, La Monnoye et François de Neufchateau. *Paris, Leclerc fils,* 1861-1862, 4 vol. in-12, vignettes à mi-page par Duplessi-Bertaux, dos et coins mar.

citron, fil., dos orné, rosaces de mar. bleu, tête dor., non rog. (*Alló*).

Imprimé à 100 exemplaires.

47. CONTY (de). Les Devoirs des grands, par Monseigneur le prince de Conty, avec son testament. *Paris, Denys Thierry*, 1667, pet. in-8, mar. La Vall., armes de France sur les plats, dent. int., tr. dor. (*Alló*).

48. DAUBAN. La Démagogie en 1793 à Paris (et Paris en 1794 et 1795) enrichi de seize gravures de Valton et d'autres artistes, d'après des dessins inédits et des gravures du temps. *Paris, H. Plon*, 1868-69, 2 vol. in-8, fig. et fac-simile, demi-rel. mar. rouge.

49. DELESSERT (Édouard). Le Chemin de Rome, s'il vous plait? *Lyon, L. Perrin*, 1860, pet. in-8, veau fauve, fl., dos orné, tr. dor.

Portrait de l'auteur en photographie.

50. DELVAU (Alfred). Les Heures parisiennes, 25 eaux-fortes d'Émile Benassit. *Paris, Librairie centrale*, 1866, in-12, br. (*Couvert. imp.*).

Édition originale.
Nom à l'encre sur le titre.

51. DESCAMPS (J.-B.). La Vie des peintres flamands, allemands et hollandois, avec des portraits, gravés en taille-douce, une indication de leurs principaux ouvrages et des réflexions sur leurs différentes manières, par M. J.-B. Descamps. *Paris, Ch.-A. Jombert*, 1753-1764. — Voyage pittoresque de la Flandre et du Brabant. *Paris*, 1769, 1 vol. — Ens. 5 vol. in-8, figures, mar. rouge, fil., dos orné, dent. int., tr. dor. (*Alló*).

Frontispice par *Decamps* gravé par *Lebas*, 2 vignettes de dédicace, par *Descamps*, gravées par *Lemire*, et 168 portraits par *Descamps*, *Eisen* et *Campion*, gravés par *Ficquet*, *Gaillard*, *Legrand*, etc., etc.

52. DESCRIPTION de l'isle des Hermaphrodites, nouvellement découverte, contenant les mœurs, les coutumes et les ordonnances des habitants de cette isle, comme aussi le discours de Jacophile à Limne, avec quelques autres pièces curieuses. Pour servir de supplément au journal de Henri III. *A Cologne, chez les*

héritiers de Herman Demen, 1724, in-8, figures, mar.
rouge, fil., dos orné, dent. int., tr. dor. (*Allô*).

Exemplaire relié sur brochure.

53. DES PERIERS (Bonaventure). Cymbalum mundi,
ou dialogues satyriques sur différents sujets. Avec une
lettre critique dans laquelle on fait l'histoire, l'analyse
et l'apologie de cet ouvrage, par Prosper Marchand.
Amsterdam, Pr. Marchand, 1732, pet. in-12, frontispice et figures de B. Picart, mar. rouge, fil., dos
orné, dent. int., tr. dor. (*Capé*).

54. DES PERIERS (Bonaventure). Les nouvelles récréations et joyeux devis de Bonaventure des Periers, valet
de chambre de la royne de Navarre. Reveues, corrigées
et augmentées de nouveau. *Rouen, Raph. du Petit Va¹*,
1606, pet. in-12, mar. rouge, fig., dos orné, dent.
int., tr. dor. (*Hardy-Menil*).

Aux armes du prince d'Essling.

55. DES PORTES (Ph.). Les premières œuvres de Phi-
lippes Des Portes. Au Roy de France et de Polongne.
Paris, Mamert Patisson, 1579, in-4, mar. rouge, jans.,
dent. int., tr. dor. (*Lortic*).

56. DIDEROT (Denis). Les Bijoux indiscrets. *Au Mo-
nomotapa, s. d. Paris*, 1748), 2 vol. in-12, figures,
demi-rel., veau fauve.

Frontispice, 6 figures non signées, et un fleuron sur chaque titre.
Bonne édition sous cette date.

57. DIDEROT (Denis). Jacques le fataliste et son maitre. Nouvelle édition, ornée de cinq figures en taille-
douce gravées par Bovinet, d'après les dessins de
Chaillou. *Paris, Bertin, an V* (1797), 4 parties en 1 vol.
in-18, mar. bleu, encad., dos orné de petits fers et de
mar. rouge, dent. int., tr. dor. (*Bozérian*).

Joli exemplaire imprimé sur PAPIER VÉLIN avec les figures AVANT
la lettre.

58. DIDEROT (Denis). La Religieuse. *Paris, l'an VI*
(1798), 3 parties en 1 vol. in-18, figures, mar. bleu,
encad., dos orné de petits fers et de rosaces de mar.
rouge, dent. int., tr. dor. (*Bozérian*).

Joli exemplaire imprimé sur PAPIER VÉLIN, contenant le portrait

de Diderot et les 3 figures par *Borinet*, en épreuves AVANT la lettre.
A la suite on a relié : *l'Entretien d'un Père avec ses enfants et les
deux amis de Bourbonne* (paginés 269 à 331).

59. DIDOT. Essai de fables nouvelles, dédiées au Roi ;
suivies de poésies diverses et d'une épitre sur les pro-
grès de l'imprimerie, par Didot, fils aîné. *Paris,
F.-A. Didot*, 1786, in-12, papier vélin, mar. rouge.
fil., doublé de tabis bleu, tr. dor. (*Derome*.

Exemplaire relié par DEROME, avec son étiquette sur le feuillet
de garde du vol.
Reliure très fraîche.

60. **DORAT**. Fables nouvelles. *A la Haye, et Paris, Dela-
lain*, 1773, 2 tomes en 1 vol. gr. in-8, figures, mar.
bleu, dentelles à petits fers, dos orné, tr. dor., large
dent. int., tr. dor. (*Allô*.

2 frontispices, 1 figure, 1 fleuron, 99 vignettes et 99 culs-de-
lampe de *Marillier*.
Exemplaire imprimé sur GRAND PAPIER de France. Quelques pe-
tites taches.

61. DORAT. Œuvres : La Déclamation théâtrale, poème.
— Mes Fantaisies. — Recueil de contes et de poèmes.
— Lettres d'une chanoinesse de Lisbonne à Melcour.
— Lettres en vers, ou Epitres héroïques et amoureuses.
— Regulus et la faute par amour, comédie. — Théagène,
tragédie. — Les deux Reines, drame héroïque. *La
Haye et Paris, Lambert, Jorry et Délalain*, 1766-1773,
8 vol. in-8, figures d'Eisen, Marillier et Queverdo,
veau écaille, fil., dos orné, tr. dor. (*Rel. anc.*).

Beaux exemplaires imprimés sur GRAND PAPIER DE HOLLANDE.

62. DUCLOS. Mémoires secrets sur le règne de Louis XIV,
la Régence et le règne de Louis XV. Nouvelle édition,
augmentée d'une notice sur la vie et les ouvrages de
Duclos, de notes et d'un index alphabétique. *Paris,
Jules Gay*, 1864, 2 vol. in-8, figures, dos et coins,
mar. rouge, fil., dos orné, tête dor., non rog. (*Allô*).

Un des 195 exemplaires imprimés sur PAPIER DE HOLLANDE contenant un portrait de *Duclos* d'après de *La Tour*, et auquel on a
ajouté 65 portraits et figures.

63. DULAURENS. La Chandelle d'Arras, poème en XVIII

chants. Nouvelle édition. *Paris,* 1807, in-8, dos et coins
de veau fauve (*Rel. anc.*).

Exemplaire imprimé sur PAPIER VÉLIN ; frontispice et 18 figures
de *Desrais.*

64. DU TILLIOT. Mémoires pour servir à l'histoire de
la fête des foux, qui se faisait autrefois dans plusieurs
Eglises. *Lausanne et Genève,* 1751, pet. in-8, 12 figures,
veau fauve, fil., dos orné, dent. int., tr. dor. (*Duru*).

Exemplaire Yemeniz.

65. DUVAL, d'Abbeville. Mémoires géographiques de
tous les pays du monde, avec plusieurs observations
historiques. *Lyon, J. Certes,* 1676, in-12, mar. fauve,
large encad. et coins ornés, milieu orné, dos orné, tr.
dor. (*Rel. anc.*).

L'ornement du milieu des plats renferme les lettres : E. I. P.
H. I. G. S. I. E. et B. S. L. P. M. A. N. D.

66. ÉPICTÈTE. Altercation, en forme de dialogue, de
l'empereur Adrian et du philosophe Epictète, contenant soixante et treize questions et autant de réponses.
Rendu de latin en françois par M. Maitre Jean de
Coras, docteur ès droits et conseiller du Roi au parlement de Tolose, avec la paraphrase du même autheur.
Tolose, Ant. André, 1558, pet. in-4. mar. brun, dent.
int., tr. dor. (*Thibaron*).

Exemplaire de la vente Potier (1870).

67. EROTOPAEGNION, sive Priapeia veterum et recen-
tiorum. Veneri jocosae sacrum. *Lutetiae parisiorum,
apud C.-F. Patris, anno VI* (1798), in-12, figures, veau
fauve, fil. et encad. à froid et filets noirs, dos orné,
dent. int., tr. dor. (*Simier*).

Recueil dit *Recueil de Noël.*
Cet exemplaire contient les 2 figures.

68. ESOPE. Les Fables d'Esope phrygien, illustrées de
discours moraux, philosophiques et politiques. Nouvelle édition, augmentée de beaucoup en plusieurs en-
droits, avec des réflexions morales par J. Baudoin.
Bruxelles, Fr. Foppens, s. d., in-12, figures, mar.
grenat, dent., int., tr. dor. (*Trautz-Bauzonnet*).

Exemplaire Yemeniz qui était accompagné de la note suivante au catalogue de cet amateur : « Ces Fables sont moralisées par Boissat, dauphinois, quoique publiées sus le nom de Jean Baudouin de Pradelles, au pays de Vellay. »

Nombreuses vignettes gravées à l'eau-forte.

69. ESSAI de traduction, en vers burlesques, d'une pièce de poésie latine, intitulée : Excidium Augi, par M. ***. *Amsterdam* et *Rouen, E.-V. Mactruel,* 1768, pet. in-12 de 14 ff. prél. et 92 pag., veau fauve, fil., dos orné, dent. int., tr. dor. *(Bauzonnet-Trautz).*

Le poème latin est attribué à un professeur nommé Ch.-J. Roussel. La parodie est signée T. P. C. (curé) de S. Jacques d'Eu.

70. ESTIENNE (Henri). Apologie pour Hérodote, ou Traité de la conformité des merveilles anciennes avec les modernes, par Henri Estienne. Nouvelle édition, faite sur la première, et augmentée... de remarques par M. Le Duchat, avec une table alphabétique des matières. *La Haye, Henri Scheurleer,* 1735, 3 vol. pet. in-8, frontispice non signé à chaque vol., veau marb., fil., dos orné, tr. rouges *(Rel. anc.).*

71. ÉVÉNEMENT des plus rares, ou l'histoire du sieur abbé comte de Bucquoy, singulièrement son évasion du Fort-l'Évêque et de la Bastille, l'allemand à côté, revue et augmentée, deuxième édition, avec plusieurs de ses ouvrages, vers et proses, et particulièrement la game des femmes. *Et se vend chez Jean de la Franchise, rue de la Réforme, à l'Espérance, à Bonnefoy.* 1719, in-12, frontispice gravé représentant la Bastille, mar. rouge, fil., dos orné, dent. int., tr. dor. *(Chambolle-Duru).*

Ce récit des évasions de l'abbé de *Bucquoy* est emprunté aux « Lettres historiques et galantes » de Mᵐᵉ du Noyer. Les pièces, en appendice, politiques, satiriques, biographiques sont bien de l'abbé de Bucquoy.

72. FACÉTIES ET RÉIMPRESSIONS. 5 vol. reliés.

Quinze (les) joies de mariage. *La Haye, A de Rogissard.* 1734. in-12, dos et coins veau marb., fil., dos orné, tr. rouges. — L'Art de désopiler la rate, sive de modo C. prudenter en prenant chaque feuillet pour se T. le D. (par A. Panckoucke). *A Gallipoli de Calabre, l'an des folies* 15884 (1754), in-12, mar. vert., fil., dos orné, dent. int., tr. dor. (Menther). — Contes pour ceux qui peuvent encore rire. *A Plaisance.* 1789, pet. in-12, port., veau écaille, fil., dos orné. — Les Amours d'Hypparchie et Cratès, philosophes cyniques, histoire grecque. *Athènes et se trouve à Paris*, 1795, in-18, frontispice, demi-rel., mar. rouge, non rog. — Et une de plus. Histoire véritable, par un officier de marine. *Paris, Levrault, an XII* (1803), in-18, dos et coins mar. vert, fil., non rog. (*Meulhey*).

73. FABLIAUX ou contes, fables et romans du XIIe et du XIIIe siècle, traduits ou extraits par Legrand d'Aussy, troisième édition, considérablement augmentée. *Paris, J. Renouard*, 1829, 5 vol. in-8, mar. rouge à longs grains, comp. de fil., milieux ornés, dos orné or et à froid, dent. int., tr. dor. (*Rel. de l'époque*).

18 figures par *Moreau* et *Desenne*.

74. FERRAND. Pièces libres de M. Ferrand et poésies de quelques autres auteurs sur divers sujets. *Londres, Godwin Harald*, 1744, in-12, mar. bleu, fil., dos orné, dent. int., tr. dor. (*Capé*).

75. FOLENGO (Th.). Opus Merlini Cocaii poetae Mantuani macaronicorum. Totum in pristinam formam per me magistrum acquarium Lodolam optime redactum. *Amstelodami, apud Abrahamum a Someren*, 1692, pet. in-8, figures, veau fauve, fil., dos orné, dent. int., tr. dor. (*Petit*).

Édition faite sur celle de 1521, dont elle reproduit le titre, et au verso de ce titre l'« Hexasticon Joannis Baricocolae ». Nombreuses figures gravées à l'eau-forte.

76. FOLENGO (Th.). Histoire maccaronique de Merlin Coccaie, prototype de Rabelais. *Paris, Toussaincts du Bray*, 1606, 2 vol. in-12, vélin à rec., tr. dor.

77. FROSSARDUS ET COMINAEUS, duo nobilissimi gallicarum rerum scriptores. *Amsterdami, apud Joan. et Corn. Blaeu*, 1640, pet. in-12, titre gravé, mar. vert, fil., dos orné, dent. int., tr. dor. (*Smeers*).

Seule édition de ce livre.

78. GARNIER. Les Tragédies de Robert Garnier. *Paris, Abel l'Angelier*, 1599, pet. in-12, mar. rouge, fil., dos orné, dent. int., tr. dor.

Exemplaire lavé et court de marges.

79. GAUTIER (Théophile). Les Jeunes-France. Romans goguenards. Frontispice dessiné et gravé par Félicien

Rops. *Amsterdam,* 1866, in-12, frontispice, dos et coins
mar. bleu, fil., dos orné, tête dor., non rog.

> Un des 200 exemplaires imprimés sur grand papier vergé de Hollande.

80. GESSNER. Œuvres de Salomon Gessner. *Paris,
Renouard,* an VII (1799), 4 vol. in-8, papier vélin,
figures, dos et coins mar. vert, fil., dos orné, tête
dor., non rog. (*Allô,.*

> 2 portraits et 48 figures par *Moreau,* gravés par *Baquoy, Dambrun, Delvaux, Dupréel, de Ghendt, Girardet, Lemire, Petit, Simonet* et *Trière.*

81. GREGORIUS PAPA. Dialogus beati Gregorii pape :
ejusque diaconi Petri in quattuor libros divisus : de vita et
miraculis patrum italicorum : et de eternitate animarum :
cum tabulis nuncnunc a novo super additis. (In fine :
*Expensis honesti viri Johannis petit bibliopole alme universitatis Parisiesis in vico divi Jacobi sub lilio aureo
continentis, s. d.,* 94 ff. chiff. et 9 ff. non chiff. pour
la table. — Liber cure pastoralis divi Gregorii pape.
Paris, Jehan Petit, 1516, 67 ff. non chiff. — Ens.
2 ouvrages en 1 vol. pet. in-8, goth., veau br., encad.
à fr.

> Reliure du xv.e siècle, bien conservée. Sur les plats, dans un petit écusson, la lettre P, qui indique peut-être que la reliure a été faite dans l'atelier de Jean Petit.

82. GRESSET. Œuvres choisies. Edition ornée de figures en taille-douce dessinées par Moreau le jeune. *Paris, Saugrain,* an II (1794), in-18, figures, mar. rouge,
comp. de fil., dos orné, tr. dor. (*Rel. anc.*).

> 4 figures pour « *Ver-vert* » et 1 fig. pour le « *Lutrin vivant* ».
> Papier vélin.

83. HISTOIRE DU THÉATRE FRANÇAIS depuis le
commencement de la révolution jusqu'à la réunion générale, par C.-G. Etienne et A. Martainville. *Paris,
Barba,* an X (1802), 4 vol. in-12, portraits, dos et coins
mar. bleu, fil., dos ornés, tête dor., non rog.

84. HORÆ in laudem beatissimæ virginis Mariæ ad usum
Romanum. *Lugd. apud Math. Bonhomme,* 1552, in-8,
réglé, veau brun, plats entièrement couverts de compart.

de filets à la Grolier, tr. dor. et cisel. (*Rel. du XVI*
siècle).

> Chaque page est comprise dans des encadrements gravés sur bois
> dont plusieurs portent la marque P. V.; 15 grandes figures gravées
> sur bois.
> Exemplaire bien conservé dans sa première reliure du XVI* siècle
> un peu restaurée.

85. **JODELLE**. Les Œuvres et meslanges poétiques d'Estienne Jodelle, sieur du Lymodin (publiés par Ch. de
La Mothe). *Paris, chez Nicolas Chesneau et Mamert
Patisson,* 1574, in-4, mar. rouge, compart. de fil. avec
fleuron aux angles, dos orné, tr. dor. (*Thibaron*).

> Exemplaire très grand de marges. Haut. 235 mill.

86. JOURNAL AMOUREUX de la cour de Vienne. *Cologne, Pierre Marteau,* 1711, pet. in-12, mar. vert,
fleurons et milieu orné, dos orné, dent. int., tête dor.,
non rog. — Les Victoires de l'amour, ou histoires de
Zaïde, de Léonor et de la marquise de Vico. *Amsterdam,*
1714. pet. in 12, mar. rouge, large dent. int., tr. dor.
— Ens. 2 vol.

> Les mots tirés en rouge sur le titre du premier volume ont coulé
> au lavage.

87. JUSTINI historiarum ex Trogo Pompeio libri XLIV,
cum notis Isaaci Vossii. *Lugd. Batavorum, ex officina
elzeviriana, anno* 1640, pet. in-12, frontispice, mar.
rouge, comp. de fil. à la du Seuil et fleurons, dos orné,
tr. dor. (*Rel. anc.*).

> Exemplaire de J.-J. de Bure.

88. KYSEL (Melchior). Heilig epistolische Bericht und
Licht. *S. l. n. d.,* pet. in-fol., fig., veau fauve, comp. de
fil. et fleurons, dos orné, tr. dor.

> Recueil de planches par *Kysel,* gravées par G. *Strauch,* pour
> illustrer les épîtres apostoliques et les Évangiles des dimanches et
> fêtes de l'année. Chaque figure est accompagnée d'un texte expli-
> catif en vers allemands.
> Frontispice et 84 figures pour les *Épîtres.* Frontispice et 90 figures
> pour les *Évangiles.*

89. LA FONTAINE. Les Amours de Psyché et de Cupi-
don, avec le poëme d'Adonis. Édition ornée de figures

dessinées par Moreau le Jeune et gravées sous sa direction. *Paris, de l'imprimerie de Didot le Jeune, an troisième*, in-4, papier vélin, dos et coins de mar. brun, tête dor., non rogné.

Portrait. 8 figures de *Moreau*.

90. LA FONTAINE. Contes et nouvelles en vers. Nouvelle édition, enrichie de tailles-douces. *Amsterdam, H. Desbordes*, 1685, 2 tomes en 1 vol. pet. in-8, mar. brun, comp. de fil et fleurons, dos orné, dent. int., tr. dor. (*Allô*).

PREMIER TIRAGE des eaux-fortes de *Romain de Hooghe*.

91. LA FONTAINE. Contes et nouvelles, en vers, de La Fontaine. *Amsterdam (Paris, David jeune)*, 1745, 2 vol. pet. in-8, figures, mar. rouge, fil., dos ornés, dent. int., tr. dor. (*Chambolle-Duru*).

Frontispice signé *Lebas*, 1 vignette à mi-page, « *La Fontaine écrivant* » gravée par *Fessard*, d'après *Cochin*, 2 fleurons sur les titres et 69 vignettes par *Cochin*.

92. LA ROCHEFOUCAULD (F. de). Mémoires de M. D. L. R. sur les brigues à la mort de Louis XIII, les guerres de Paris et de Guyenne et la prison des princes. Apologie pour Monsieur de Beaufort. Mémoires de Monsieur de la Chastre, etc., etc. *Cologne, P. van Dyck*, 1662, pet. in-12, mar. bleu, fleurons, dos orné. dent. int., tr. dor. (*Allô*).

Première édition elzévirienne ; portrait d'après *Hopwood*, ajouté.

93. LEROUX (P.-J.). Dictionnaire comique, satyrique, critique, burlesque, libre et proverbial. *Pampelune (Paris)*, 1786, 2 vol. in-8, demi-rel. veau fauve, fil., dos orné, tr. marb. (*Raparlier*).

94. LIVRE UTILE ET AGRÉABLE (Le) pour la jeunesse, contenant la déclaration des droits, etc., les sentences de P. Syrus, en distiques français, et les distiques de D. Caton, en quatrains, traductions nouvelles, toutes deux par L. C. T. Rousseau : les distiques de Muret, imités en quatrains français, par L. C. François (de Neuf-château), notice sur plusieurs grands hommes, etc. Le tout orné de douze gravures. *Paris,*

F. Bonneville, an VII, in-12, figures, dos et coins mar. rouge, fil., dos orné, tr. dor., non rog.

Frontispice et 11 figures et portraits en médaillons (Voltaire, J.-J. Rousseau, Bonaparte, etc.,) par *Bonneville.*

95. LIVRES ILLUSTRÉS du xviii° siècle. 4 vol. in-8 et in-12, rel.

Les Confessions du comte de *** par M. Duclos, de l'Académie française. Huitième édition, ornée de belles gravures, par les meilleurs maîtres, et augmentée de la vie de l'auteur. *Londres et Paris, Costard,* 1776, 2 parties en 1 vol. in-8, 4 figures par Desrais, demi-rel. veau fauve. — Journée de l'amour, ou Heures de Cythère (par la comtesse de Turpin de Crissé, Guillard, Favart et l'abbé C. H. de Fusée de Voisenon). *Cnide,* 1776, in-8, frontispice non signé et culs-de-lampe par Taunay, demi-rel. mar. vert, dos orné, tête dor. — Musarion, ou la philosophie des grâces, poème, en trois chants, de Wieland, traduit de l'allemand par M. de Laveaux. *Basle, J.-J. Thurneysen,* 1790, in-8, 4 figures et 3 culs-de-lampe par Saint-Quentin, dos et coins veau fauve — Romances, par M. Berquin. *Paris, imp. de Monsieur,* 1788, pet. in-12, papier vélin, 10 figures par Borel, dos et coins mar. rouge, fil., dos orné, non rog. (musique notée).

96. LONGUS. Les Amours pastorales de Daphnis et de Chloé, traduites du grec, de Longus, par Amyot. *Paris, P. Didot, l'aîné, an VIII* (1800), in-4, dos et coins mar. rouge, fig., dos orné, tête dor. (*Allô*).

Exemplaire imprimé sur PAPIER VÉLIN contenant les 9 figures de *Prudhon* et *Gérard* en épreuves AVANT la lettre.

97. LUCIEN, de la traduction de N. Perrot, sieur d'Ablancourt, avec des remarques sur la traduction. Nouvelle édition, revue et corrigée. *Amsterdam, Pierre Mortier,* 1709, 2 vol. pet. in-8, figures, demi-rel. mar. vert, dos orné (*Thouvenin jeune*).

1 frontispice placé dans chacun des vol., 1 portrait et 12 figures non signées.
Exemplaire NON ROGNÉ.

98. **MALHERBE.** Poésies de Malherbe, rangées par ordre chronologique, avec un discours sur les obligations que la langue et la poésie française ont à Malherbe et quelques remarques historiques et critiques. *Paris, J. Barbou,* 1757, in-8. portrait, mar. bleu, encad., dos orné de petits fers et de points dorés, tr. dor. (*Thouvenin*).

Exemplaire imprimé sur PAPIER DE HOLLANDE ; jolie reliure de Thouvenin, très fraîche.

99. MARGUERITE DE NAVARRE. Heptaméron français,
ou les Nouvelles de Marguerite, reine de Navarre.
Berne, chez la nouvelle Société typographique, 1780-
1781, 3 vol. in-8, figures, mar. rouge, fil., armes et
chiffre de Marguerite, dos orné, tr. dor. (*Allô*).

> Frontispice par *Dunker*, le même pour chaque vol. et 73 figures
> par *Freudeberg*, vignettes et culs-de-lampe par *Dunker*.

100. MAROT (Clément). Œuvres de Clément Marot de
Cahors, vallet de chambre du roy. *Lyon, N. Scheu-
ring*, 1869-1870, 2 vol. in-8, mar. rouge, large enca-
drem. de filets et de petits fers, dos orné, large dent.
int., tr. dor. (*Allô*).

> Un des 100 exemplaires imprimés sur PAPIER WHATMAN.

101. MAROTTES à vendre, ou Triboulet tabletier, dont
la gibecière, après avoir été égarée pendant plusieurs
siècles, nous est enfin heureusement parvenue, munie
d'un rare assemblage de hochets, breloques, colifi-
chets, et babioles de toutes espèces. *Au Parnasse burlesque (Londres, Harding et Wright)*, 1812, in-12, papier vélin, mar. bleu, fil., dos orné, dent. int., tr. dor.,
non rog. (*Chambolle-Duru*).

102. MAUPASSANT (Guy de). Pierre et Jean. Illustré
par Ernest Duez et Albert Lynch. *Paris, Boussod, Va-
ladon et C*, 1888, gr. in-4, fig., br.

103. MENESTRIER. Nouvelle méthode raisonnée du
blason, ou de l'art héraldique du P. Menestrier, mise
dans un meilleur ordre et augmentée de toutes les con-
noissances relatives à cette science, par M. L*** (Le-
moine). *Lyon, P. Bruysset Ponthus*, 1770, in-8, fig. de
blasons, mar. bleu, fil., dos orné, dent. int., tr. dor.
(*Duru*).

> Exemplaire aux armes et au chiffre du baron J. Pichon.

104. MICHEL (Marius). La Reliure française, depuis l'invention de l'imprimerie jusqu'à la fin du XVIII* siècle.
Paris, Morgand et Fatout, 1880. — La Reliure française, commerciale et industrielle, depuis l'invention
de l'imprimerie jusqu'à nos jours. *Ibid., Id.*, 1881. —
Ens., 2 vol. très gr. in-8, nombreuses illustrat. en

noir et en couleurs, mar. bleu, encadrement de 10 fil., tr. dor. (*Marius Michel*).

Bel exemplaire imprimé sur PAPIER DU JAPON.

105. MONCRIF. Essais sur la nécessité et sur les moyens de plaire. Seconde édition. *Paris, Prault fils*, 1738, in-12, mar. rouge, fil., dos orné, tr. dor. (*Rel. anc.*).

Exemplaire de Pixérécourt, tiré de format in-8.

106. MONNIER (Henry). Récréations. *Paris, Giraldon-Bovinet, s. d.* Titre et 37 lithog. numérotées et non numérotées. — Londres. *Paris, Giraldon, Bovinet, s. d.*, 4 lithog. numérotées 2, 5 et 2 non numérotées. En un vol. in-4 obl., cartonn. dos et coins toile, tête dor., non rog.

42 lithographies, coloriées, en PREMIER TIRAGE.

107. MOREL DE VINDÉ. Primerose, par M...el de V...dé. *Paris, P. Didot*, 1797, in-12, frontispice et 5 figures par Lefèvre, mar. vert., fil., dos orné, dent. int., tr. dor. (*Allô*).

Exemplaire imprimé sur GRAND PAPIER VÉLIN, contenant les figures AVANT la lettre.

108. MOREL DE VINDÉ. Zélomir, par Morel (Vindé). *Paris, P. Didot*, 1801, in-12, mar. vert, fil., dos orné, dent. int., tr. dor. (*Allô*).

Exemplaire imprimé sur GRAND PAPIER VÉLIN contenant les 6 figures de *Lefèvre* en triple état : EAUX-FORTES, AVANT la lettre, avec la lettre.

109. MUSÉE DE VERSAILLES, avec un texte historique par M. Théodore Burette. *Paris, Furne et Cie*, 1844, 3 vol. in-4, planches hors texte, dos et coins mar. rouge, fil., dos ornés, tête dor., non rog. (*Allô*).

200 planches gravées en taille-douce.

110. NOGARET (Félix). Le Fond du Sac, ou recueil de contes en vers et en prose et de pièces fugitives. *Paris, Leclerc*, 1866, pet. in-8, vignettes à mi-page, dos et coins mar. rouge, fil., dos orné, tête dor., non rog. (*Allô*).

Édition tirée à 100 exemplaires imprimés sur papier teinté, avec les figures en deux états, dans le texte et hors texte, sur chine.

111. OFFICE DE LA SEMAINE SAINTE, en latin te

en françois, à l'usage de Rome et de Paris. *Paris, Ma-
zières et Garnier*, 1728, in-8, mar. rouge, plats entièrement couverts de compart. de filets et de fers au
pointillé, dos orné, dent. int., tr. dor. (*Rel. anc.*).

Exemplaire aux armes de MARIE LECZINSKA.

112. OUVRAGES SUR L'HISTOIRE DE FRANCE.
5 vol. in-8 et in-12 rel.

Almanach des prisons, ou anecdotes sur le régime intérieur de la
Conciergerie, du Luxembourg, etc., et sur différents prisonniers qui
ont habité ces maisons sous la tyrannie de Robespierre, avec les
chansons, couplets qui y ont été faits (par Coissin). *Paris, Michel.*
an III, in-18, frontisp., demi-rel. mar. noir. — Vie de Marie-Thé-
rèse de France, fille de Louis XVI, par A. Nettement. *Paris, J. Le-
coffre*, 1859, in-8, demi-rel. veau fauve, non rog. — Sièges d'Orléans et autres villes de l'Orléanais. Chronique métrique relative à
Jeanne d'Arc, par Martial de Paris, dit d'Auvergne (XVᵉ siècle).
Orléans, Herluison, 1866, in-32, port., mar. citron, dent. int., tr.
dor. (imprimé à 100 exempl.). — Documents inédits sur le règne
de Louis XV. Journal des inspecteurs de M. de Sartines, 1ʳᵉ série,
1761-1764. *Bruxelles, Parent, et Paris, Dentu*, 1863, in-12, demi-
rel. mar. rouge, dos orné, tête dor., non rog. — La Fronde en An-
goumois pendant les années 1651 et 1652, avec introduction et notes
par P. de Lacroix. *Paris, Dumoulin*, 1863, in-12, demi-rel. veau vert.

113. OVIDE. Les Livres d'Ovide, de l'art d'aimer, et des
remèdes d'amour, à quoi sont adjoutez les poèmes de
l'art d'embellir le visage, du noyer, des poissons, de
la puce, et du langage des bestes et des oyseaux. Le
tout rendu fort honneste, avec des notes et des observations nécessaires. *Paris, P. Lamy*, 1660, 2 vol.
pet. in-12, veau fauve, fil. et fleurons, dos orné, tr.
dor. (le titre manque au second volume . — L'Ovide
bouffon, ou les Métamorphoses travesties en vers burlesques. *Paris, E. Loyson*, 1662, in-12, mar. bleu.
fil., dos orné, tr. dor. (*Meuthey*). — Ens. 3 vol.

114. PARNY. Œuvres d'Évariste Parny. *Paris, Debray*,
1808, 5 vol. in-18, fig., dos et coins mar. vert, fil., dos
orné, tête dor.

10 figures non signées : Apollon et les Muses.

115. PÉRÉFIXE (H. de). Histoire du roy Henry le
Grand, composée par messire Hardouin de Péréfixe,
evesque de Rodez, cy-devant precepteur du Roy. *Amsterdam, Louys et Daniel Elzevier*, 1661, pet. in-12.
frontispice, mar. rouge, fil., fleurs de lys et armes de

France sur les plats, dos orné, dentelle int., tr. dor. (*Cuzin*).

116. PEREZI (Antoni) Institutiones imperiales crotematibus distinctae, atque ex ipsis principiis regulisque juris passim insertis, explicatae. *Amstelodami, apud L. et D. Elzevirios*, 1657, pet. in-12, frontispice, mar. vert, fil., dos orné, dent. int., tr. dor. (*Smeers*).

117. PERSE. Satires de Perse, traduites en français par Sélis. Nouvelle édition, revue et augmentée de notes et observations par N.-L. Achaintre. *Paris, Dalibon*, 1822, in-8, mar. grenat, dent. à froid, compart. de filets et milieu dorés, dos orné, encad., tr. dor. (*Thouvenin*).

118. **PIGANIOL DE LA FORCE**. Nouvelle description de la France, dans laquelle on voit le gouvernement général de ce royaume, celui de chaque province en particulier, et la description des villes, maisons royales, châteaux et monuments les plus remarquables. Avec des figures en taille-douce. *Paris, Guill. Desprez*, 1752-1754, 15 vol. in-12, cartes, mar. vert, fil., dos orné, tr. dor. (*Rel. anc.*).

> Bel exemplaire aux armes de Madame Victoire, fille de Louis XV.
> Les deux premiers volumes renferment l'*Introduction*.

119. PÖLLNITZ (B^on de). Nouveaux mémoires du baron de Pöllnitz, contenant l'histoire de sa vie et la relation de ses premiers voyages. Lettres et mémoires. *A Francfort, aux dépens de la Compagnie*, 1738, 3 vol. in-12, frontispice, demi-rel. mar. rouge.

120. POSTHII (Johan.). Germershemii tetrasticha in Ovidii metamor. lib. XV, quibus accesserunt Vergilii Solis figurae elegantiss. et iam primum in lucem editae. *Cum gratia et privilegio Rom. Caes. et Reg. Majestatis (Francfort)*, 1563, in-8, fig., veau fauve, fil., dos orné, dent. int., tr. dor. (*Simier*).

> Exemplaire Yemeniz.
> Premier tirage des 178 gravures sur bois de *Virgile Solis*.

121. PREVOST (Abbé). Histoire de Manon Lescaut et

du chevalier des Grieux. *Paris, Didot l'aîné*, 1797, 2
parties en 1 vol. in-18, fig., mar. rouge, fil., dos orné,
dent. int., tr. dor. (*Allô*).

8 figures par *Lefèvre*, gravées par *Coiny*.

122. **PUCE DE MADAME DES ROCHES** (La) qui est un recueil de divers poèmes grecs, latins et françois, com-
posez par plusieurs doctes personnages aux grands
jours tenus à Poitiers, l'an MDLXXIX. *Paris, Abel
l'Angelier*, 1582, in-4, mar. grenat, fil., dos orné, dent.
int., tr. dor. (*Trautz-Bauzonnet*.

Très bel exemplaire provenant de la bibliothèque Cigogne.

123. QUARLES. Argalus and Parthenia, written by
Fra. Quarles. Illustrated with 30 figures relating to
the Story. *London, Humphrey Moseley*, 1656, pet.
in-4, fig., mar. vert, dent. int., tr. dor. (*Petit*).

Portrait par *Cross*, frontispice et 28 figures non signés.

124. RABELAIS. Œuvres de maître François Rabelais,
publiées sous le titre de faits et dits du géant Gar-
gantua et de son fils Pantagruel. Avec la prognostica-
tion pantagrueline, l'épitre du Limosin, la crème phi-
losophale... et des remarques historiques et critiques
de M. Le Duchat, sur tout l'ouvrage. Nouvelle édition,
augmentée de quelques remarques nouvelles. *S. l.*,
1732, 6 tomes en 5 vol. in-12, fig., mar. rouge, comp.
de fil. et encad., dos orné, dent. int., tr. dor.

Bel exemplaire imprimé sur GRAND PAPIER, auquel on a ajouté le
portrait de Rabelais gravé par *Savart*.

125. RAMEAU. Le Maître à danser, qui enseigne la
manière de faire tous les différens pas de danse dans
toute la régularité de l'art et de conduire les bras à
chaque pas. Enrichi de figures en taille-douce, servant
de démonstration pour tous les différens mouvemens
qu'il convient faire dans cet exercice... par le sieur
Rameau, maître à danser des pages de Sa Majesté
catholique la Reine d'Espagne. *Paris, J. Villette*, 1725,
in-8, mar. rouge, dent. int., tr. dor. (*Chambolle-Duru*).

Bel exemplaire de la vente du baron J. Pichon. Il contient la
grande planche du *Bal*, qui manque souvent.

126. RECUEIL de diverses pièces servant à l'histoire de

Henry III, roy de France et de Pologne. *Cologne,
Pierre du Marteau,* 1666, pet. in-12, mar. rouge, fil.,
dos orné, dent. int., tr. dor. (*Brany*).

127. RECUEIL de pièces en vers et prose. Sermons,
noëls, anecdotes, facéties, théâtre, sonnets, épigram-
mes, épitaphes, madrigaux, etc. *Manuscrit, s. d.,* in-4
de 396 p. p., demi-rel. bas.

> Recueil où l'on rencontre des pièces d'un caractère grave telles
> que sermons et prières à côté de facéties d'une extrême liberté.

128. RECUEIL intéressant sur l'affaire de la mutilation
du crucifix d'Abbeville, arrivée le 9 août 1765 et sur
la mort du chevalier de La Barre (par L.-A. Déverité).
Londres, 1776, in-12, dos et coins mar. rouge, fil.,
dos orné, tr. dor. (*Allô*). — Ringois, ou le citoyen
d'Abbeville, tragédie en trois actes, représentée pour
la première fois, sur le théâtre de cette ville. — La
Répétition, divertissement analogue à l'inauguration du
portrait de Monseigneur comte d'Artois à Abbeville,
le 15 juillet 1787. Avec la description de la fête publi-
que donnée à cette occasion. *Abbeville, Devérité et Royer,*
1787, 2 pièces en 1 vol. in-8, dos et coins mar. rouge,
fil., dos orné, tête dor., non rog. (*Allô*).

129. REGNIER (Mathurin). Œuvres de Regnier. Edition
Louis Lacour. *Imprimée par D. Jouaust. Paris, Académie des Bibliophiles,* 1867, in-8, dos et coins mar.
bleu, fil., dos orné, tête dor., non rog. (*Brany*).

130. RESTIF DE LA BRETONNE. Tableaux de la
bonne compagnie, ou traits caractéristiques, anecdotes
secrètes, politiques, etc., accompagnés de planches en
taille-douce, dessinées et gravées par M. Moreau le
jeune, graveur du Cabinet du Roi et d'autres célèbres
artistes. *Paris,* 1787, 2 parties en 1 vol. in-12, figures,
mar. rouge, fil., milieu orné, dos orné, dent. int., tr.
dor. (*Allô*).

> 16 figures, réduction des estampes de *Moreau* et *Freudeberg*.

131. ROCOLES (J.-B. de). Les Imposteurs insignes, ou
histoires de plusieurs hommes de néant, de toutes
nations, qui ont usurpé la qualité d'empereurs, roys
et princes : Des guerres qu'ils ont causé, accompagnées

de plusieurs curieuses circonstances, par Jean-Baptiste de Rocoles. *Amsterdam, Abraham Wolfgang,* 1683, pet. in-12, titre gr. et portraits, mar. roug, dos orné. dent. int., tr. dor. (*Duru*).

> Joli exemplaire.

132. SALUSTE, seigneur du Bartas (Guillaume de). La Sepmaine, ou création du monde, reveüe et corrigée par l'auteur. Avec commentaires, argumens et annotations, par Simon Goulard, de Senlis. Le tout en meilleur ordre et forme qu'es precedentes éditions. *Paris, Michel Gadouleau,* 1583, in-4, mar. rouge, fil., milieu orné, dos orné, dent. int., tr. dor. (*Hardy*).

> A la suite de la *Semaine* se trouvent : la *Judith*, l'*Uranie ou muse céleste*, le *Triomphe de la Foy* et un *Poème dressé pour l'accueil de la Reine de Navarre faisant son entrée à Nérac*.

133. SAND (Maurice). Masques et bouffons (comédie italienne). Texte et dessins par Maurice Sand, gravures par A. Manceau, préface par George Sand. *Paris, Michel Lévy,* 1860, 2 vol. gr. in-8, dos et coins mar. bleu, fil., dos orné, non rog. (*Cuzin*).

> 50 figures, dont le frontispice, en deux états : COLORIÉES et tirées en sanguine.

134. SANDRAZ de COURTILZ. Mémoires de M. d'Artagnan, capitaine-lieutenant de la première compagnie des mousquetaires du Roi contenant quantité de choses particulières et secrettes qui se sont passées sous le règne de Louis le Grand. *Cologne, Pierre Marteau,* 1700, 3 vol. in-12, veau fauve, fil., dos orné, tr. dor. (*Cuzin*).

135. SCARRON. Œuvres. Nouvelle édition, revue, corrigée et augmentée de l'histoire de sa vie et de ses ouvrages, d'un discours sur le style burlesque, et de quantité de pièces omises dans les éditions précédentes. *Amsterdam, J. Wetstein,* 1752, 7 vol. pet. in-12, figures, mar. rouge, dent. int., tr. dor. (*Capé*).

> Portrait de Scarron, fleuron à chaque vol. et 6 figures par *Dubourg*. gravées par *Folkema*.
> Joli exemplaire.

136. TABOUROT (Etienne). — Les Bigarrures et touches du seigneur des Accords, avec les apophtegmes du sieur Gaulard et les Escraignes dijonnoises. Der-

nière édition, de nouveau augmentée de plusieurs épitaphes, dialogues et ingénieuses équivoques. *Paris, Arnould Cotinet*, 1662, 2 parties en 1 vol. in-12, fig. sur bois, vélin blanc, fil. à froid, tr. dor. (*Bauzonnet*).

137. THÉVENEAU DE MORANDE (Ch.). Le Gazetier cuirassé. *Imprimé à cent lieues de la Bastille*, 1777, in-8, front. et planche demi-rel. veau. — La Gazette noire, par un homme qui n'est pas blanc, ou œuvres posthumes du Gazetier cuirassé. *Imprimé à cent lieues de la Bastille*, etc. (*Londres*), 1784, in-8, demi-rel. veau fauve. — Ens. 2 vol.

138. **THEVET** (F.-André). Les Singularités de la France antarctique, autrement nommée Amérique et de plusieurs terres et isles découvertes de nostre temps, par F. André Thevet, natif d'Angoulesme. *Anvers, Chr. Plantin*, 1558, in-8 de 8 ff. prél., 163 p. et 2 ff. non chiff., figures sur bois, mar. vert, dos orné, dent. int., tr. dor. (*Duru*).

    Bel exemplaire aux armes du Bon J. Pichon, adjugé 305 francs à la vente de 1869.
    Cette édition est aussi rare et aussi recherchée que la première de 1556.

139. TRISTIBUS FRANCIAE (De), libri quatuor ex bibliothecae Lugdunensis codice nunc primum in lucem editi, cura et sumptibus L. Cailhava. *Lugduni, per Ludovicum Perrin*, 1840, 1 vol. in-4, dos et coins mar. rouge, tête dor., non rog. (*Bruyère*).

    Très belle publication. Les 39 figures représentant les *Calamités de la France de 1562 à 1586*, ont été tirées en bistre hors texte. Et à la fin du volume elles ont été tirées, en bleu, avec titre et explications.

140. VAUBAN. Projet d'une dixme royale qui supprimant la taille, les aydes, etc., produirait au Roy un revenu certain et suffisant. *S. l.*, 1707. — Nouveau traité de la dixme royale, où l'on fait voir par des réflexions solides, les erreurs et omissions qui se sont trouvées dans le livre de feu M. le maréchal de Vauban et qui a pour titre : Projet d'une dixme royale, par Gueuvin de Rademont. *Liège, J. Fr. de Milst*, 1715.

Ens. 2 ouvr. en 1 vol. pet. in-8, mar. rouge, fil., dos orné, dent. int., tr. dor. (*Smeers*).

141. VERLAINE (Paul). Parallèlement. Lithographies originales de Pierre Bonnard. *Paris, Imprimerie Nationale, Ambroise Vollard*, MDCCCC, in-4, figures, dos et coins mar. rouge, tête dor. non rog. (*Couverture illustrée*).

> Un des 170 exemplaires imprimés sur papier vélin de Hollande, avec le prospectus et le feuillet : *Imprimé par décision spéciale...*

142. VILLE-DIEU (de). Les Exilez de la cour d'Auguste. *Suivant la copie de Paris, chez Claude Barbin*, 1675, pet. in-12, veau fauve, fil., milieu orné, dent. int., tr. dor. (*Cuzin*).

143. **VIRGILE**. Les œuvres de Virgile, traduites en françois, le texte vis-à-vis la traduction, ornées de figures en taille-douce, avec des remarques, par M. l'abbé Des Fontaines. *Paris, Quillau*, 1743, 4 vol. in-8, figures, mar. rouge, comp. de fil. et encad., dos orné, gardes de moire verte avec dent., tr. dor. (*Bozérian*).

> Édition ornée d'un portrait par *Touzé*, 1 frontispice et 17 figures par *Cochin*. On a joint à cet exemplaire le portrait par *Dupréel* et les 17 figures par *Moreau* et *Zocchi* (édition de 1796) en épreuves AVANT la lettre et le portrait de Virgile par *Saint-Aubin*, avec la lettre grise.
> Bel exemplaire.

144. VOLTAIRE. La Pucelle d'Orléans, poème divisé en vingt-un chants, avec les notes de M. de Morza. *Londres*, 1775, in-8, texte encadré, figures, mar. rouge, dent., dos orné, tr. dor. (*Rel. anc.*).

> Frontispice et 21 figures, non signées.
> On y a ajouté le portrait de Jeanne d'Arc, gravé par *Le Mire*.

145. **VOLTAIRE**. Romans et contes de M. de Voltaire. *Bouillon, aux dépens de la Société typographique*, 1778, 3 vol. in-8, mar. rouge, fil., dos orné, dent. int., tr. dor. (*Allô*).

> Fleuron sur les titres, portrait de Voltaire gravé par *Cathelin*, d'après *la Tour*, 13 vignettes par *Monnet*, gravées par *Deny* et 57 par *Marillier*, *Martini*, *Monnet* et *Moreau*.
> Les figures sont AVANT les numéros.

146. ZACHARIE. Les Quatre parties du jour, traduit de

l'allemand de M. Zacharie (par Muller). *Paris, J.-B.-G. Musier*, 1769, in-8, figures, veau fauve, fil., dos orné, tr. dor. (*Petit*).

> Frontispice et 4 figures, 4 vignettes et 4 culs-de-lampe par *Eisen*, gravés par *Baquoy*.

147. **HORE BEATE MARIE VIRGINIS**. Manuscrit pet. in-8, sur vélin de 145 ff. y compris le calendrier, veau brun, milieu à froid, dos fleurdel. (*Rel. du XVI° siècle*).

> Manuscrit du xiv° siècle orné de 10 petites (30 mill. + 23 mill.) miniatures comprises dans des initiales dorées et d'une plus grande (62 mill. + 64 mill.) représentant la Sainte-Trinité. Nombreuses initiales peintes.
> Incomplet au calendrier du mois de janvier et de plusieurs feuillets dans le courant du volume.

148. **HEURES** (en latin) manuscrites du xv° siècle, in-8, sur parchemin de 125 ff. y compris le calendrier, velours rouge.

> Ce manuscrit, renferme 11 grandes miniatures comprises dans des encadrements formés de fleurs, avec personnages et d'ornements dorés dont chaque page est également ornée d'une bordure. Nombreuses initiales.

149. **HEURES** (en latin). Manuscrit français de la fin du xv° siècle, sur parchemin de 221 ff., nombreuses miniatures, demi-rel. bas.

> Ce manuscrit, qui est incomplet de plusieurs feuillets, renferme 7 grandes miniatures et 23 petites. Nombreuses lettres ornées, encadrements et bordures à chaque page.
> Les feuillets de garde du vol. contiennent des relations de naissances, baptêmes, mariages (et autres circonstances) intéressant la famille La Fontaine et datées des années 1565-1601.

150. **HEURES**. Ces présentes heures a lusaige de Rôme ont esté faictes pour Simon Vostre libraire domourant (*sic*) a Paris à la rue neuve nostre dame a lenseigne sainct Jehan levangeliste *almanach de 1501 à 1510 et marque de Pigouchet sur le premier feuillet*), gr. in-8, goth., figures et bordures, veau noir, fil. à fr. et fleurons dorés, milieu orné, fermoirs (*Rel. du XVI° siècle*).

> Ces *heures*, imprimées sur vélin, renferment les figures et les bordures des Heures de Pigouchet de 1498 ; elles ne sont pas coloriées.
> La reliure porte la date de 1583.
> Incomplet de 4 ff. au cahier E (2, 4, 5 et 7) et du f. F8.

151. HORE intemerate virginis Marie secundum usum romane curie (incipiunt feliciter) (In fine :) *Ces présentes heures a l'usaige de Romme ont esté achevées (pour G. Hardouyn) à Paris, le XXIIIIe jour de novembre l'an mil cinq cens et trois,* gr. in-8 sur parchemin, relié en velours rouge.

> Cet exemplaire est incomplet des feuilles, A8, C2, D1, D6, E1, E3, E8, G5. Il renferme 6 grandes figures et 29 petites qui ont été enluminées avec soin.

152. COMBE. The third Tour of Doctor Syntax, in search of a Wife, a poem. *London,* 1821, in-8, figures, demi-rel. veau noir.

> Titre orné et 23 planches en couleurs.
> La planche 13 manque.

153. GESSNER. Œuvres de Salomon Gessner. *Paris, Ant.-Aug. Renouard, an VII (1799),* 4 vol. in-8, figures, veau olive, dentelle, dos orné, dent. int., tr. dor. *(Rel. de l'époque).*

> Exemplaire imprimé sur PAPIER VÉLIN, contenant 1 portrait et 48 figures par *Moreau,* gravés par *Baquoy, Dambrun, Delvaux, Dupréel,* etc.
> Il manque 2 portraits.

154. **LA FONTAINE.** Fables choisies, mises en vers par J. de La Fontaine. *Paris, Desaint et Saillant,* 1755-1759, 4 vol. in-fol., figures par Oudry, demi-rel. veau fauve, non rognés *(Rel. anc.).*

> Frontispice par *Oudry,* portrait d'Oudry d'après *Largillière,* et 275 figures par *Oudry,* gravées par *Aubert, Aveline, Baquoy, Beauvais, Cars, Chedel, Chenu, Cochin, Dupuis, Legrand, Lemire, Radigues,* etc., etc.
> Bel exemplaire de PREMIER TIRAGE, NON ROGNÉ.

155. **MOLIÈRE.** Œuvres de Molière. Nouvelle édition. *Paris,* 1734, 6 vol. gr. in-4, figures par Boucher, veau écaille, dentelle, dos orné *(Rel. anc.).*

> 1 portrait par *Coypel,* gravé par *Lépicié,* 1 fleuron sur le titre (le même à chaque vol.), 33 figures par *Boucher,* gravées par *Laurent Cars,* vignettes et culs-de-lampe, par *Boucher, Blondel* et *Oppenord,* gravés par *Joullain* et *Laurent Cars.*
> Bel exemplaire de PREMIER TIRAGE, incomplet du faux-titre du tome I.

156. ROBERT MACAIRE (Les Cent et un), composés et dessinés par M. H. Daumier, sur les idées et les légen-

des de M. Ch. Philipon, réduits et lithographiés par M. M***. Texte par MM. Maurice Alhoy et Louis Huart. *Paris, chez Aubert et Cie, éditeurs du Musée pour rire,* 1839, 2 tomes en 1 vol. in-4, figures, dos et coins mar. rouge, fil., dos orné, tête dor. non rog.

Le *Catalogue des publications d'Aubert* ne s'y trouve pas.

CHARTRES. — IMPRIMERIE DURAND, RUE FULBERT.